ÅF187818

Impressum
Verlag: BABADADA GmbH, Nedderfeld 112 , 22529 Hamburg
Geschäftsführer / Verlagsleitung: Harald Hof
Druck: Books on Demand GmbH, In de Tarpen 42, 22848 Norderstedt

Imprint
Publisher: BABADADA GmbH, Nedderfeld 112 , 22529 Hamburg, Germany
Managing Director / Publishing direction: Harald Hof
Print: Books on Demand GmbH, In de Tarpen 42, 22848 Norderstedt, Germany

escola
škola

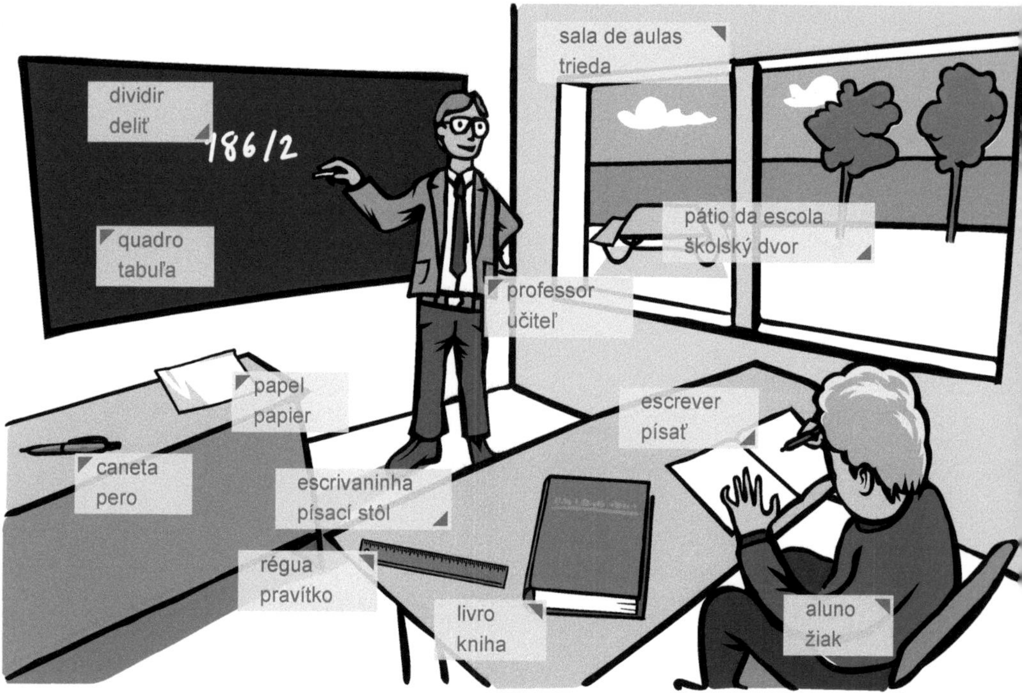

sala de aulas
trieda
dividir
deliť
186/2
quadro
tabuľa
pátio da escola
školský dvor
professor
učiteľ
papel
papier
escrever
písať
caneta
pero
escrivaninha
písací stôl
régua
pravítko
livro
kniha
aluno
žiak

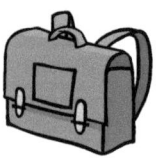

sacola

školská taška

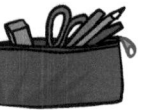

estojo de lápis

peračník

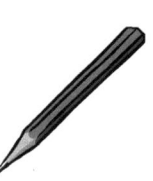

lápis

ceruza

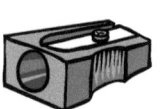

apontador de lápis

strúhadlo na ceruzky

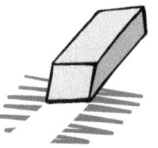

borracha

guma

bloco de desenho

skicár

desenho

kresba

pincel

štetec

estojo de tintas

vodové farby

tesoura

nožnice

cola

lepidlo

livro de exercícios

cvičný zošit

lição de casa

domáca úloha

número

číslo

somar

sčítať

subtrair

odčítať

multiplicar

násobiť

calcular

počítať

letra

písmeno

alfabeto

abeceda

palavra

slovo

texto

text

ler

čítať

giz

krieda

hora

hodina

registro da classe

triedna kniha

exame

skúška

certificado

certifikát

uniforme escolar

školská uniforma

educação

vzdelanie

enciclopédia

encyklopédia

universidade

univerzita

microscópio

mikroskop

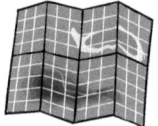

mapa

mapa

cesto de lixo

kôš na papier

viagem
cesta

hotel
hotel
Grand
albergue
nocľaháreň
ROOMS
casa de câmbio
zmenáreň
EXCHANGE
mala
kufor
carro
auto

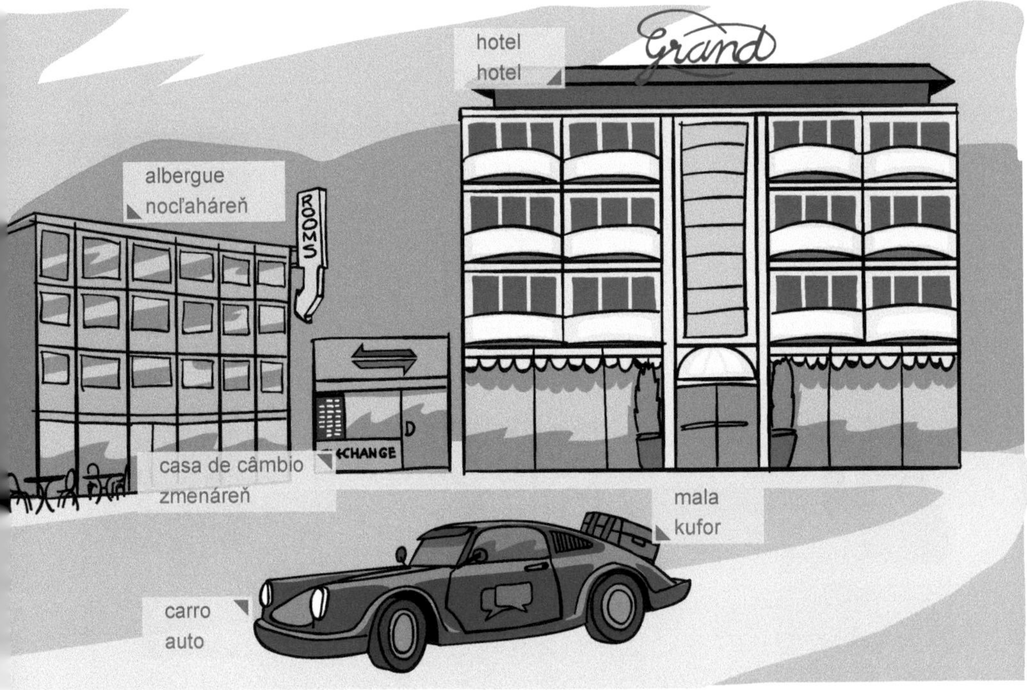

idioma

jazyk

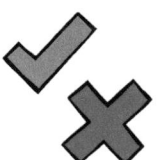

sim / não

áno/nie

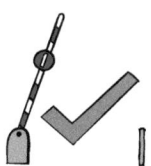

ok

v poriadku

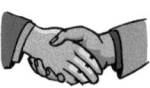

Olá

ahoj

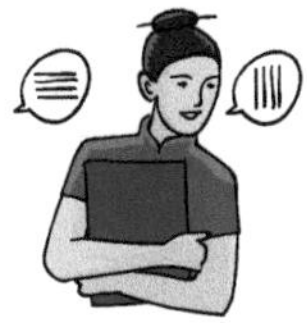

tradutor

prekladateľ

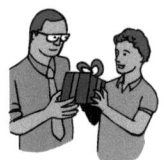

obrigado

ďakujem

quanto custa...?

Koľko stojí ... ?

eu não entendo

Nerozumiem

problema

problém

boa noite!

Dobrý večer!

Bom dia!

Dobré ráno!

Boa noite!

Dobrú noc!

até logo

Dovidenia

direção

smer

bagagem

batožina

bolsa

taška

mochila

batoh

convidado

hosť

quarto

izba

saco de dormir

spacák

barraca

stan

informação turística

informácie pre turistov

praia

pláž

cartão de crédito

kreditná karta

café da manhã

raňajky

almoço

obed

jantar

večera

bilhete

cestovný lístok

elevador

výťah

selo

poštová známka

fronteira

hranica

alfândega

clo

embaixada

veľvyslanectvo

visto

vízum

passaporte

cestovný pas

viagem - cesta

transporte

doprava

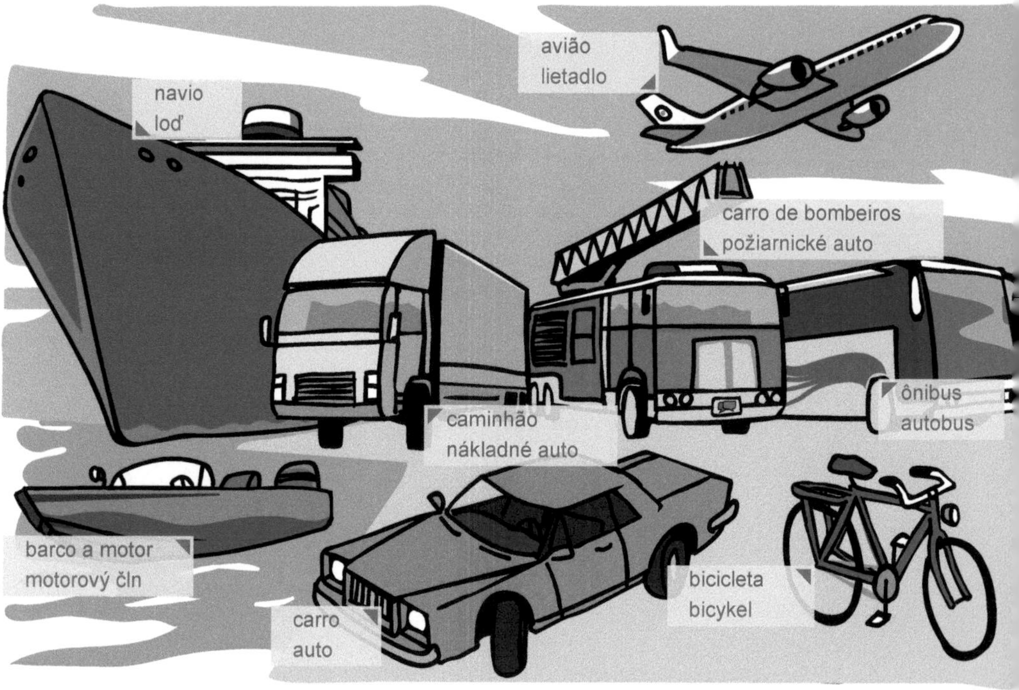

navio
loď
avião
lietadlo
carro de bombeiros
požiarnické auto
ônibus
autobus
caminhão
nákladné auto
barco a motor
motorový čln
bicicleta
bicykel
carro
auto

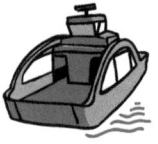

balsa

trajekt

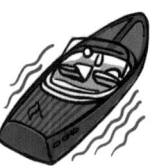

barco

loď

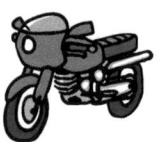

motocicleta

motorka

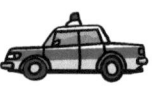

veículo policial

policajné auto

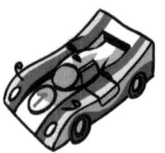

carro de corrida

pretekárske auto

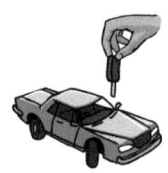

carro de aluguel

vozidlo z požičovne

compartilhamento de automóvel
carsharing

caminhão de reboque
odťahové auto

caminhão de lixo
smetiarske auto

motor
motor

combustível
benzín

posto de gasolina
čerpacia stanica

placa de trânsito
dopravná značka

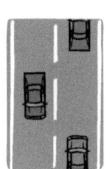

trânsito
premávka

trânsito lento
zápcha

estacionamento
parkovisko

estação de trem
vlaková stanica

trilhos
trate

trem
vlak

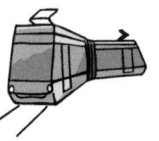

bonde
električka

vagão
vagón

helicóptero
helikoptéra

aeroporto
letisko

torre
veža

passageiro
pasažier

contêiner
kontajner

cartolina
kartón

carroça
vozík

cesto
kôš

decolar / pousar
štartovať / pristáť

cidade
mesto

vilarejo
dedina

centro da cidade
centrum mesta

casa
dom

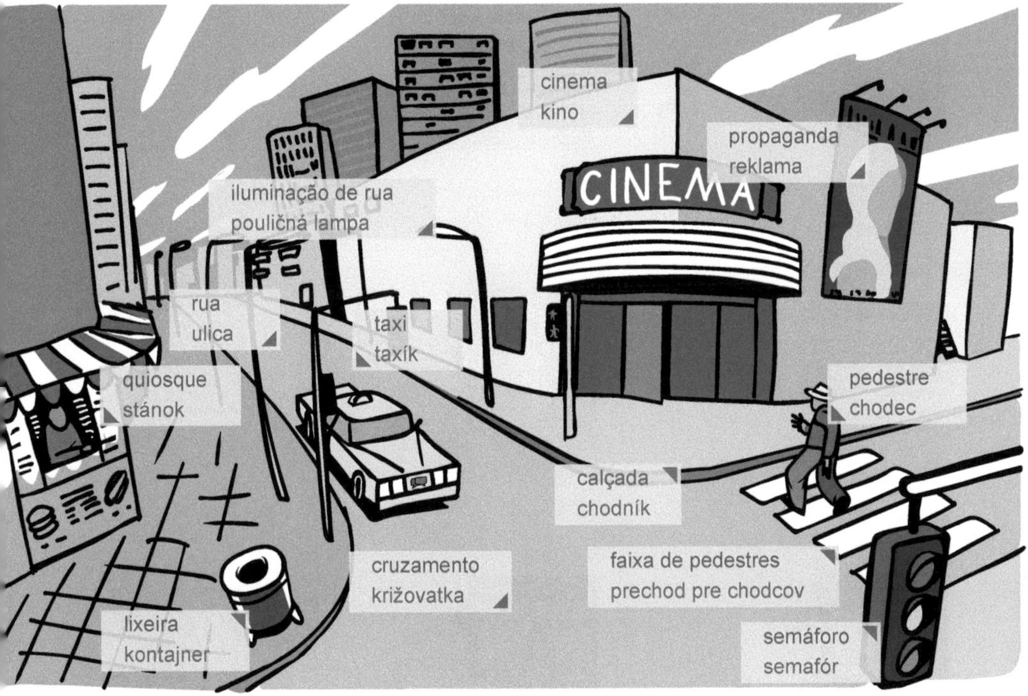

cinema
kino

propaganda
reklama

iluminação de rua
pouličná lampa

CINEMA

rua
ulica

taxi
taxík

pedestre
chodec

quiosque
stánok

calçada
chodník

cruzamento
križovatka

faixa de pedestres
prechod pre chodcov

lixeira
kontajner

semáforo
semafór

cabana

chata

apartamento

byt

estação de trem

vlaková stanica

prefeitura

radnica

museu

múzeum

escola

škola

universidade

univerzita

banco

banka

hospital

nemocnica

hotel

hotel

farmácia

lekáreň

escritório

kancelária

livraria

kníhkupectvo

loja

obchod

floricultura

kvetinárstvo

supermercado

supermarket

mercado

trh

loja de departamentos

obchodný dom

peixaria

obchodník s rybami

centro comercial

nákupné stredisko

porto

prístav

parque

park

banco

lavička

ponte

most

escadas

schody

metrô

metro

túnel

tunel

ponto de ônibus

autobusová zastávka

bar

bar

restaurante

reštaurácia

caixa de correspondência

poštová schránka

placa de rua

tabuľa s názvom ulice

parquímetro

parkovacie hodiny

zoológico

ZOO

piscina

plaváreň

mesquita

mešita

fazenda
farma

poluição
znečisťovanie životného prostredia

cemitério
cintorín

igreja
kostol

parquinho
ihrisko

templo
chrám

paisagem
terén

folha
list

placa de sinalização
smerová tabuľa

caminho
cesta

gramado
lúka

pedra
kameň

caminhantes
turista

árvore
strom

rio
rieka

grama
tráva

flor
kvet

vale

dolina

montanha

kopec

lago

jazero

floresta

les

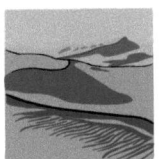

deserto

púšť

vulcão

vulkán

castelo

zámok

arco-íris

dúha

cogumelo

hríb

palmeira

palma

mosquito

komár

mosca

mucha

formiga

mravec

abelha

včela

aranha

pavúk

paisagem - terén

besouro

chrobák

sapo

žaba

esquilo

veverička

ouriço

jež

lebre

zajac

coruja

sova

pássaro

vták

cisne

labuť

javali

diviak

veado

jeleň

alce

los

barragem

hrádza

aerogerador

veterná turbína

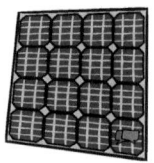

painel solar

solárny panel

clima

podnebie

restaurante
reštaurácia

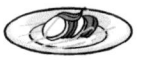

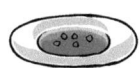

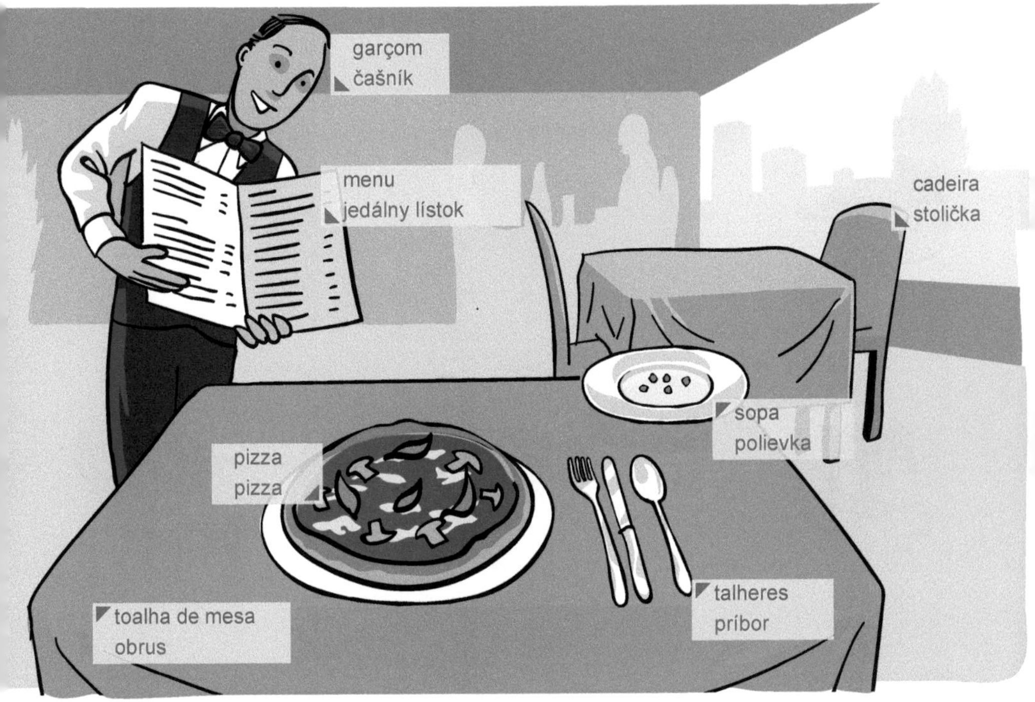
garçom
čašník
menu
jedálny lístok
cadeira
stolička
sopa
polievka
pizza
pizza
talheres
príbor
toalha de mesa
obrus

entrada
....
predjedlo

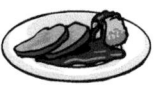

prato principal
....
hlavné jedlo

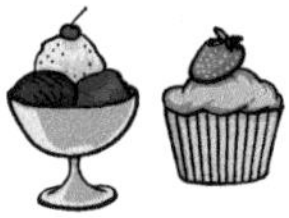

sobremesa
....
zákusok

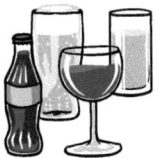

bebidas
....
nápoje

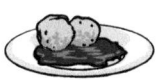

comida
....
jedlo

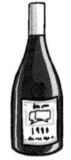

garrafa
....
fľaša

fastfood
fast-food

comida de rua
street food

bule de chá
kanvica na čaj

açucareiro
cukornička

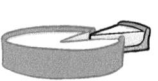

porção
porcia

máquina de expresso
stroj na espresso

cadeirão
detská stolička

conta
účet

bandeja
podnos

faca
nôž

garfo
vidlička

colher
lyžica

colher de chá
čajová lyžička

guardanapo
obrúsok

copo
pohár

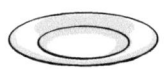

prato
tanier

prato de sopa
hlboký tanier

pires
podšálka

molho
omáčka

saleiro
soľnička

moedor de pimenta
mlynček na korenie

vinagre
ocot

óleo
olej

especiarias
korenie

ketchup
kečup

mostarda
horčica

maionese
majonéza

supermercado
supermarket

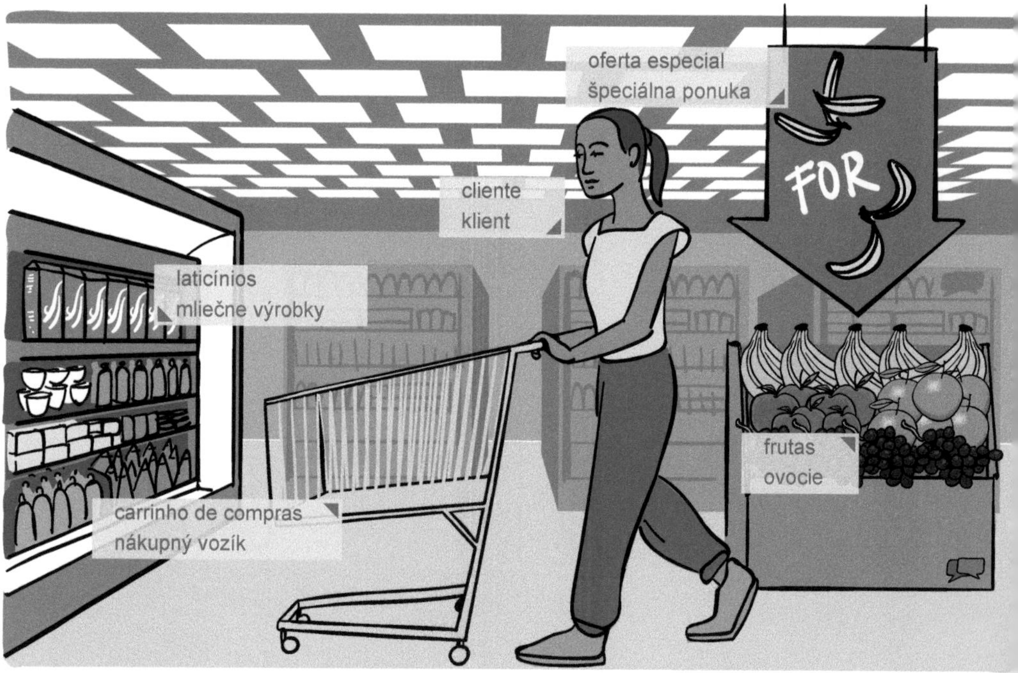

oferta especial
špeciálna ponuka
FOR
cliente
klient
laticínios
mliečne výrobky
frutas
ovocie
carrinho de compras
nákupný vozík

BUTCHERS

açougue
mäsiarstvo

BAKERY

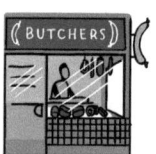

padaria
pekáreň

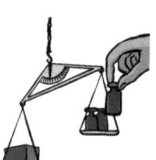

pesar
vážiť

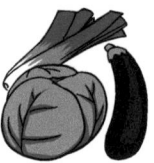

legumes
zelenina

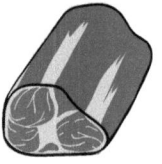

carne
mäso

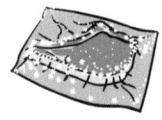

congelados
mrazené potraviny

charcutaria

nárez

conservas

konzervy

detergente em pó

prací prostriedok

doces

sladkosti

artigos domésticos

domáce potreby

produtos de limpeza

čistiace prostriedky

vendedora

predavačka

caixa

pokladňa

caixa

pokladník

lista de compras

nákupný zoznam

horário de funcionamento

otváracie hodiny

carteira

peňaženka

cartão de crédito

kreditná karta

sacola

taška

saco plástico

plastové vrecko

água
voda

suco
džús

leite
mlieko

coca-cola
kola

vinho
víno

cerveja
pivo

álcool
alkohol

cacau
kakao

chá
čaj

café
káva

expresso
espresso

cappuccino
kapučíno

banana
banán

maçã
jablko

laranja
pomaranč

melão
melón

limão
citrón

cenoura
mrkva

alho
cesnak

bambu
bambus

cebola
cibuľa

cogumelo
hríb

nozes
orechy

macarrão
rezance

espaguete

špagety

arroz

ryža

salada

šalát

batatas fritas

hranolky

batatas frias

pečené zemiaky

pizza

pizza

hambúrger

hamburger

sanduíche

obložený chlebík

escalope

rezeň

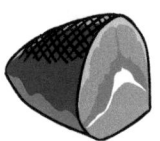

presunto

šunka

salame

saláma

salsicha

klobása

galinha

kurča

assado

pečené mäso

peixe

ryba

flocos de aveia

ovsené vločky

granola

müsli

flocos de milho

kukuričné lupienky

farinha

múka

croissant

croissant

pãozinho

pečivo

pão

chlieb

torrada

hrianka

biscoitos

sušienky

manteiga

maslo

requeijão

tvaroh

bolo

koláč

ovo

vajce

ovo frito

volské oko

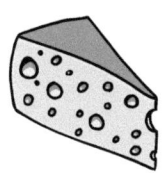

queijo

syr

comida - jedlo

sorvete

zmrzlina

açúcar

cukor

mel

med

geleia

lekvár

creme de avelãs

nugátová nátierka

curry

karí korenie

fazenda

farma

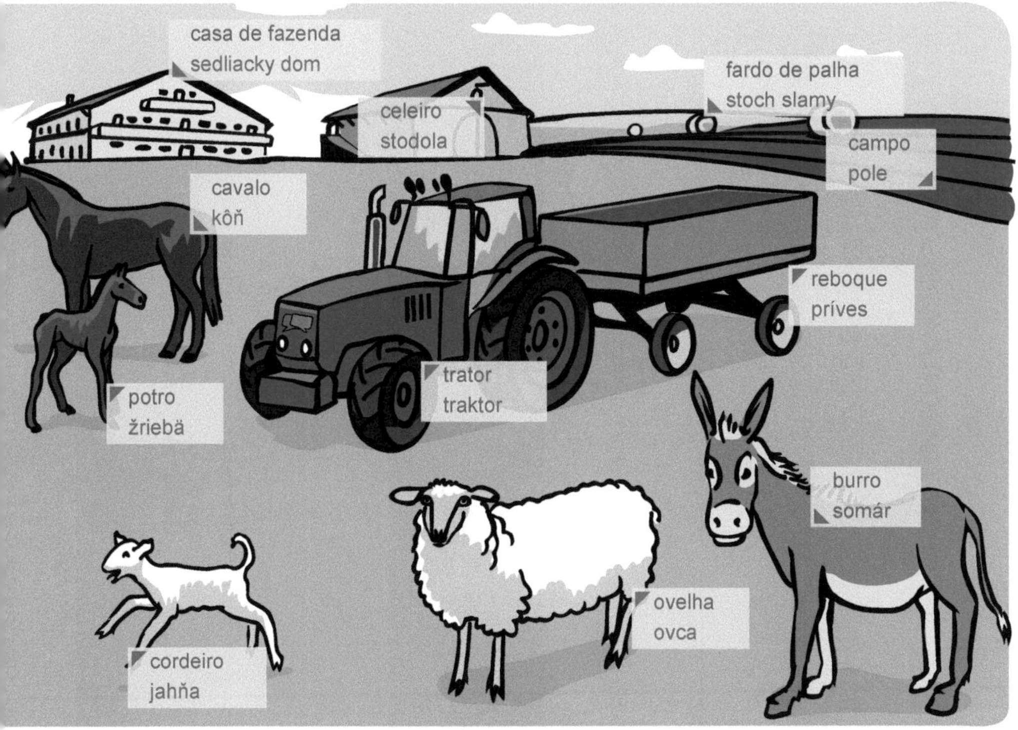
casa de fazenda
sedliacky dom
celeiro
stodola
fardo de palha
stoch slamy
campo
pole
cavalo
kôň
reboque
príves
trator
traktor
potro
žriebä
burro
somár
ovelha
ovca
cordeiro
jahňa

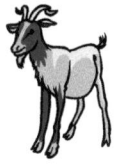

cabra

koza

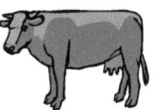

vaca

krava

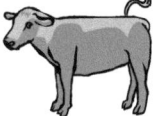

bezerro

teľa

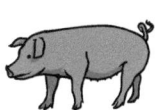

porco

prasa

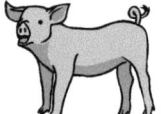

leitão

prasiatko

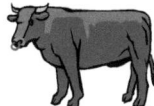

touro

býk

ganso
hus

pato
kačica

pintinho
kuriatko

galinha
sliepka

galo
kohút

ratazana
potkan

gato
mačka

camundongo
myš

boi
vôl

cachorro
pes

casinha do cachorro
psia búda

mangueira de jardim
záhradná hadica

regador
krhla

foice
kosa

arado
pluh

foice

kosák

enxada

motyka

forquilha

vidly na hnoj

machado

sekera

carrinho de mão

fúrik

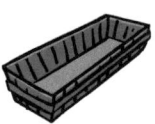

manjedoura

koryto

jarra de leite

kanva na mlieko

saco

vrece

cerca

plot

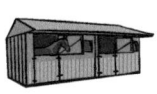

estábulo

maštaľ

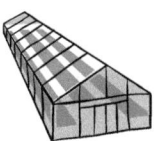

estufa

skleník

solo

pôda

semente

osivo

fertilizante

hnojivo

colheitadeira

kombajn

fazenda - farma

colher

žať

colheita

žatva

inhame

batát

trigo

pšenica

soja

sója

batata

zemiak

milho

kukurica

colza

repka

árvore frutífera

ovocný strom

mandioca

maniok

cereais

obilie

chaminé
komín

telhado
strecha

calhas de chuva
dažďový odkvap

janela
okno

garagem
garáž

campainha da porta
zvonček

porta
dvere

lata de lixo
odpadkový kôš

caixa de correspondência
poštová schránka

jardim
záhrada

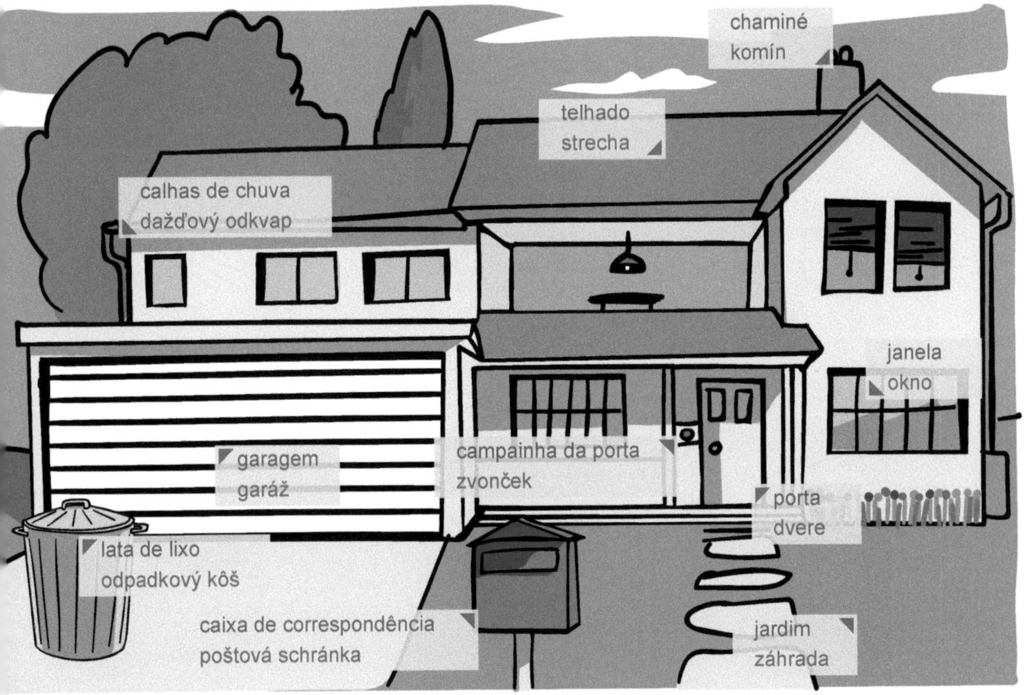

sala de estar

obývačka

banheiro

kúpeľňa

cozinha

kuchyňa

quarto de dormir

spálňa

quarto de criança

detská izba

sala de jantar

jedáleň

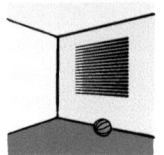

chão

podlaha

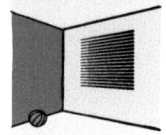

parede

stena

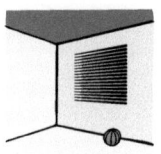

teto

strop

porão

pivnica

sauna

sauna

varanda

balkón

terraço

terasa

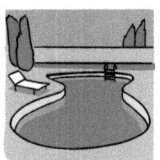

piscina

bazén

cortador de grama

kosačka

lençol

obliečka

coberta

posteľná prikrývka

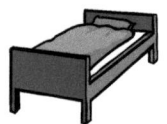

cama

posteľ

vassoura

metla

balde

vedro

interruptor

vypínač

sala de estar
obývačka

papel de parede
tapeta
quadro
obraz
lâmpada
lampa
prateleira
regál
armário
skriňa
televisão
televízor
lareira
kozub
flor
kvet
travesseiro
vankúš
sofá
pohovka
vaso
váza
controle remoto
diaľkové ovládanie

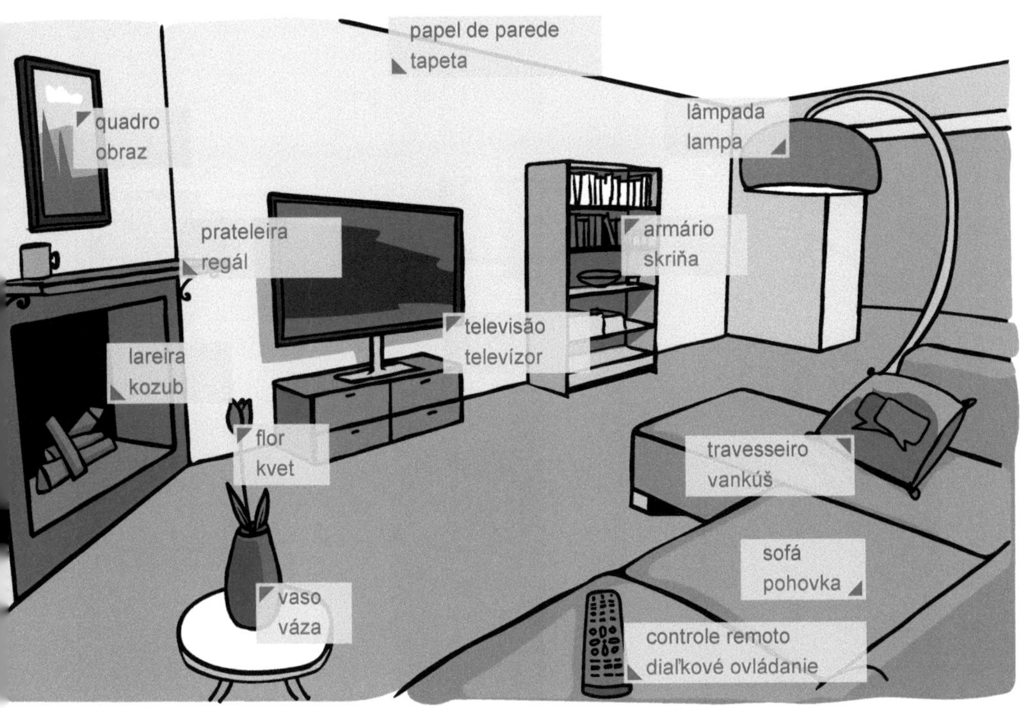

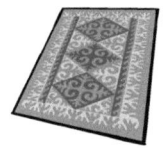

tapete

koberec

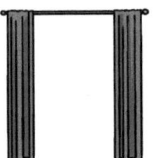

cortina

záclona

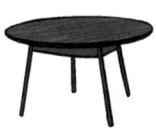

mesa

stôl

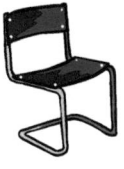

cadeira

stolička

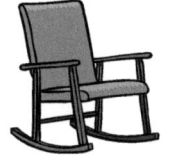

cadeira de balanço

hojdacie kreslo

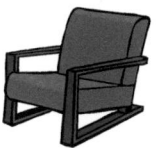

poltrona

kreslo

livro
kniha

cobertor
prikrývka

decoração
dekorácia

lenha
drevo na kúrenie

filme
film

equipamento de som
hi-fi veža

chave
kľúč

jornal
noviny

pintura
maľba

pôster
plagát

rádio
rádio

bloco de notas
zápisník

aspirador
vysávač

cacto
kaktus

vela
sviečka

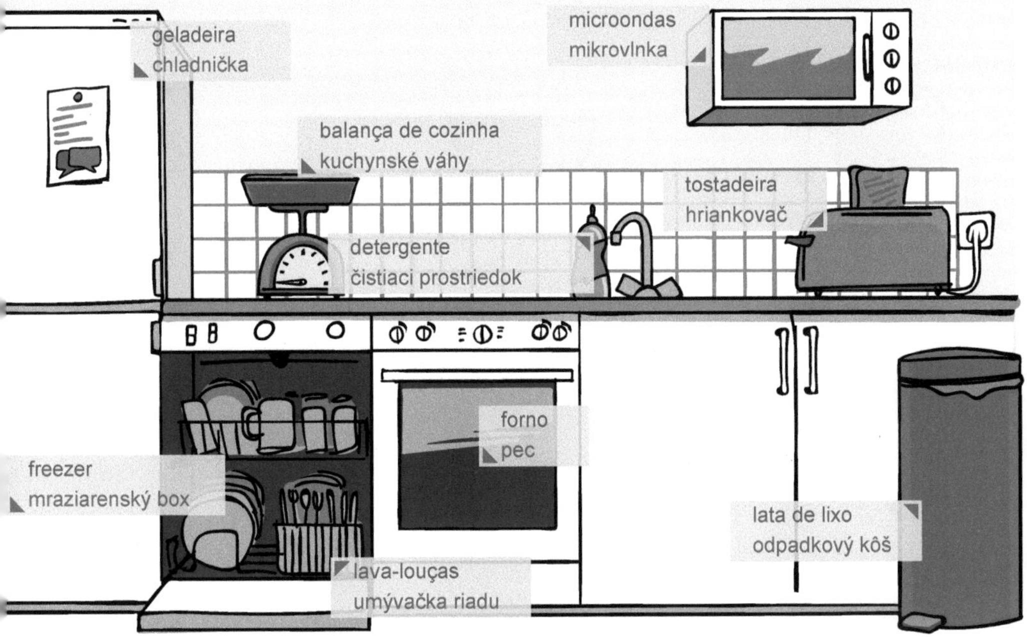

geladeira
chladnička

microondas
mikrovlnka

balança de cozinha
kuchynské váhy

tostadeira
hriankovač

detergente
čistiaci prostriedok

forno
pec

freezer
mraziarenský box

lata de lixo
odpadkový kôš

lava-louças
umývačka riadu

fogão
....
sporák

panela
....
hrniec

panela de ferro
....
železný hrniec

wok / kadai
....
wok / kadai

frigideira
....
panvica

chaleira
....
rýchlovarná kanvica

panela a vapor

parný hrniec

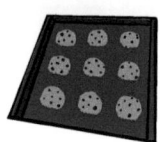

tabuleiro de forno

plech na pečenie

louça

riad

caneca

pohár

caçarola

misa

hashi

paličky

concha de sopa

naberačka na polievku

espátula

stierka

batedor

metlička

escorredor

cedidlo

peneira

sitko

ralador

strúhadlo

almofariz

mažiar

churrasqueira

gril

lareira

ohnisko

tábua de cortar

doska na krájanie

rolo da massa

valček na cesto

saca-rolhas

vývrtka

lata

konzerva

abridor de latas

otvárač na konzervy

pegador de panela

chňapka

pia

výlevka

escova

kefa

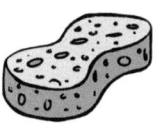

esponja

hubka

liquidificador

mixér

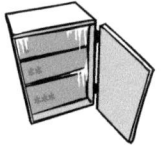

congelador

mraznička

mamadeira

kojenecká fľaša

torneira

vodovodný kohútik

banheiro
kúpeľňa

aquecimento
kúrenie
toalha
uterák
ducha
sprcha
cortina de chuveiro
sprchový záves
banho de espuma
pena do kúpeľa
banheira
vaňa
copo
pohár
lava-roupa
práčka
torneira
vodovodný kohútik
azulejos
dlaždice
penico
nočník
pia
výlevka

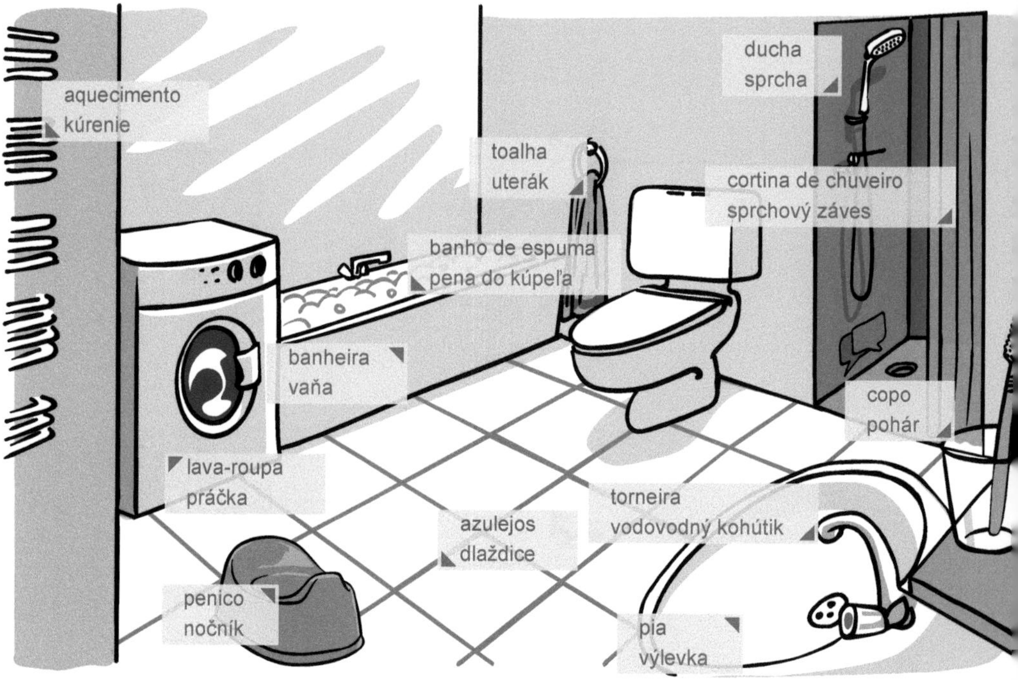

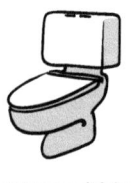

vaso sanitário
záchod

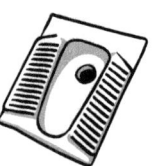

lavabo de agachar
suchý záchod

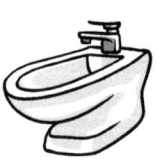

bidê
bidet

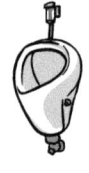

mictório
pisoár

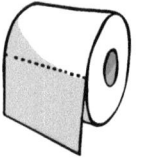

papel higiênico
toaletný papier

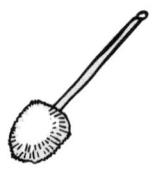

escova de privada
záchodová kefa

escova de dentes

zubná kefka

pasta de dentes

zubná pasta

fio dental

dentálna niť

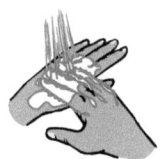

lavar

umývať

ducha de mão

ručná sprcha

ducha íntima

sprcha pre intímnu hygienu

bacia

umývadlo

escova para as costas

kefa na chrbát

sabonete

mydlo

gel de banho

sprchový gél

xampu

šampón

toalha de rosto

frotírová rukavica

escoamento

odtok

creme

krém

desodorante

dezodorant

espelho
zrkadlo

espelho de mão
kozmetické zrkadlo

barbeador
žiletka

espuma de barbear
pena na holenie

loção pós-barba
voda po holení

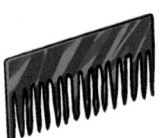

pente
hrebeň

escova
kefa

secador de cabelo
sušič vlasov

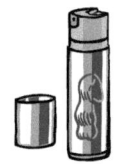

spray de cabelo
sprej na vlasy

maquiagem
make-up

batom
rúž

esmalte de unhas
lak na nechty

algodão
vata

tesoura para unhas
nožnice na nechty

perfume
parfum

nécessaire
kozmetická taška

banquinho
stolček

balança
váha

roupão de banho
kúpací plášť

luvas de borracha
gumové rukavice

absorvente interno
tampón

absorvente íntimo
menštruačná vložka

banheiro químico
chemické WC

banheiro - kúpeľňa

quarto de criança
detská izba

despertador
budík
boneco de pelúcia
plyšová hračka
carrinho de brinquedo
hračkárske auto
chacoalho
hrkálka
casa de bonecas
domček pre bábiky
presente
dar

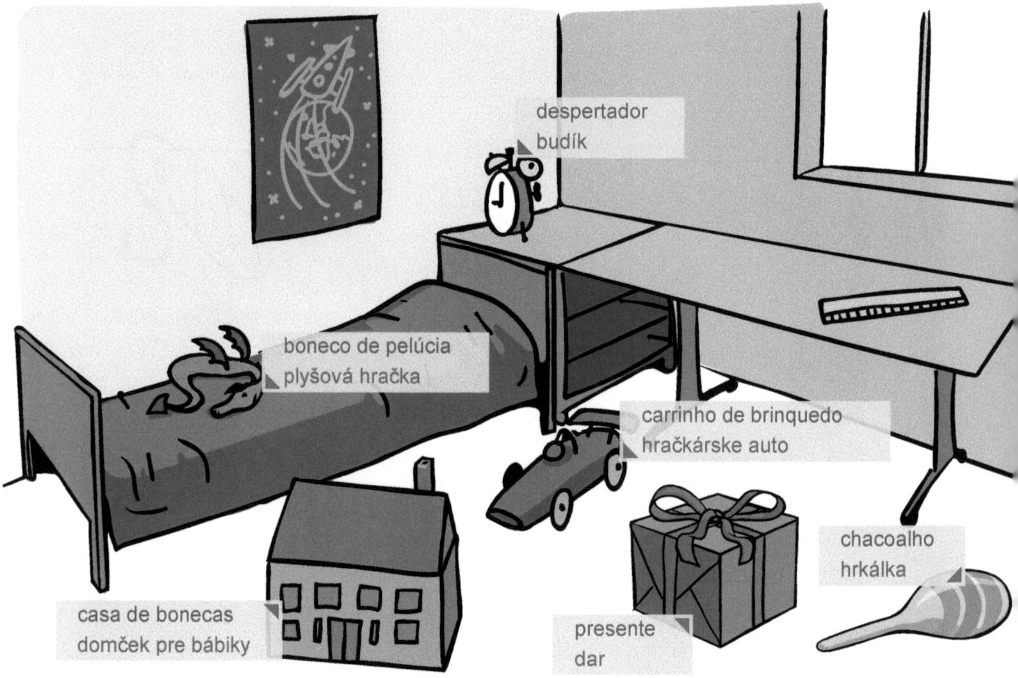

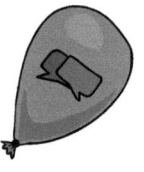

balão
balón

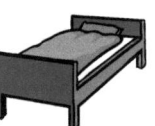

cama
posteľ

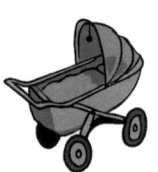

carrinho de bebê
detský kočík

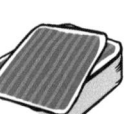

jogo de cartas
karty

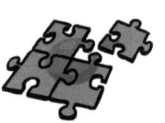

quebra-cabeças
puzzle

SUPER
MEGA

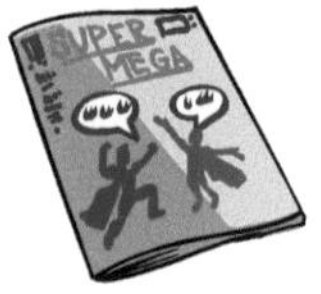

revista de quadrinhos
komix

peças de Lego

skladačka lego

blocos de construção

stavebnica

figura de ação

akčná postavička

macaquinho de bebê

dupačky

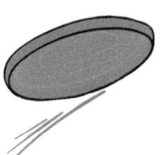

frisbee

lietajúci tanier

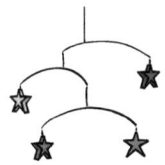

móbile para bebé

závesné hračky

jogo de tabuleiro

stolová hra

dados

kocka

trenzinho elétrico

modelový vláčik

chupeta

cumlík

festa

párty

livro ilustrado

obrázková kniha

bola

lopta

boneca

bábika

brincar

hrať sa

caixa de areia
pieskovisko

balanço
hojdačka

brinquedos
hračky

videogame
hracia konzola

triciclo
trojkolka

ursinho de pelúcia
medvedík

guarda-roupa
šatník

vestuário
šatstvo

meias
ponožky

meias pelo joelho
pančuchy

meias-calças
pančuchové nohavičky

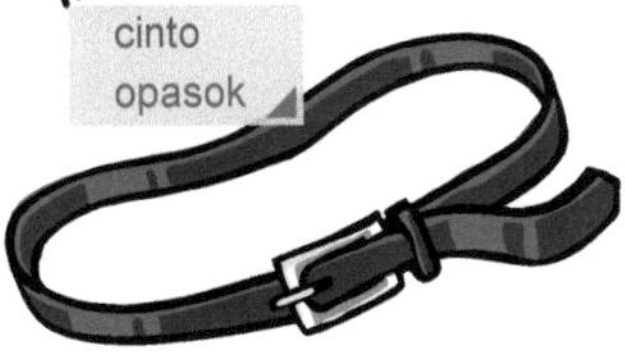

cachecol
šál

guarda-chuva
dáždnik

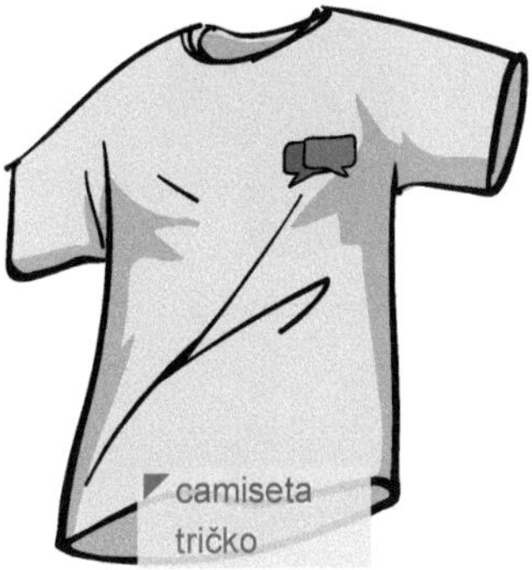

cinto
opasok

camiseta
tričko

tênis
tenisky

botas
čižmy

chinelos
papuče

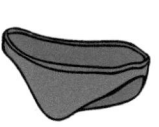

sandálias

sandále

sapatos

topánky

botas de borracha

gumáky

roupa de baixo

spodky

sutiã

podprsenka

camiseta de baixo

tielko

body
body

calças
nohavice

jeans
džínsy

saia
sukňa

blusa
blúzka

camisa
košeľa

pulôver
pulóver

suéter com capuz
sveter

blazer
blejzer

jaqueta
hunda

casaco
kabát

gabardine
pršiplášť

traje
kostým

vestido
šaty

vestido de casamento
svadobné šaty

terno
oblek

camisola
nočná košeľa

pijama
pyžamo

sari
sari

lenço de cabeça
šatka na hlavu

turbante
turban

burca
burka

cafetã
kaftan

abaya
abaja

maiô
dvojdielne plavky

sunga
plavky

shorts
šortky

roupa de treino
tepláková súprava

avental
zástera

luvas
rukavice

vestuário - šatstvo

botão

gombík

óculos

okuliare

pulseira

náramok

colar

retiazka

anel

prsteň

brinco

náušnica

boné

čiapka

cabide

vešiak

chapéu

klobúk

gravata

kravata

zíper

zips

capacete

prilba

suspensórios

traky

uniforme escolar

školská uniforma

uniforme

uniforma

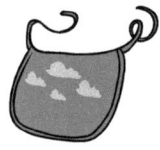

babador

podbradník

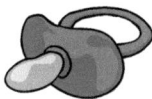

chupeta

cumlík

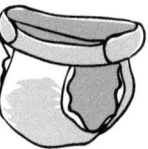

fralda

plienka

escritório

kancelária

servidor
server
armário de arquivos
skriňa na spisy
impressora
tlačiareň
papel
papier
monitor
monitor
escrivaninha
písací stôl
mouse
myš
pasta
zakladač
teclado
klávesnica
cesto de lixo
kôš na papier
computador
počítač
cadeira
stolička

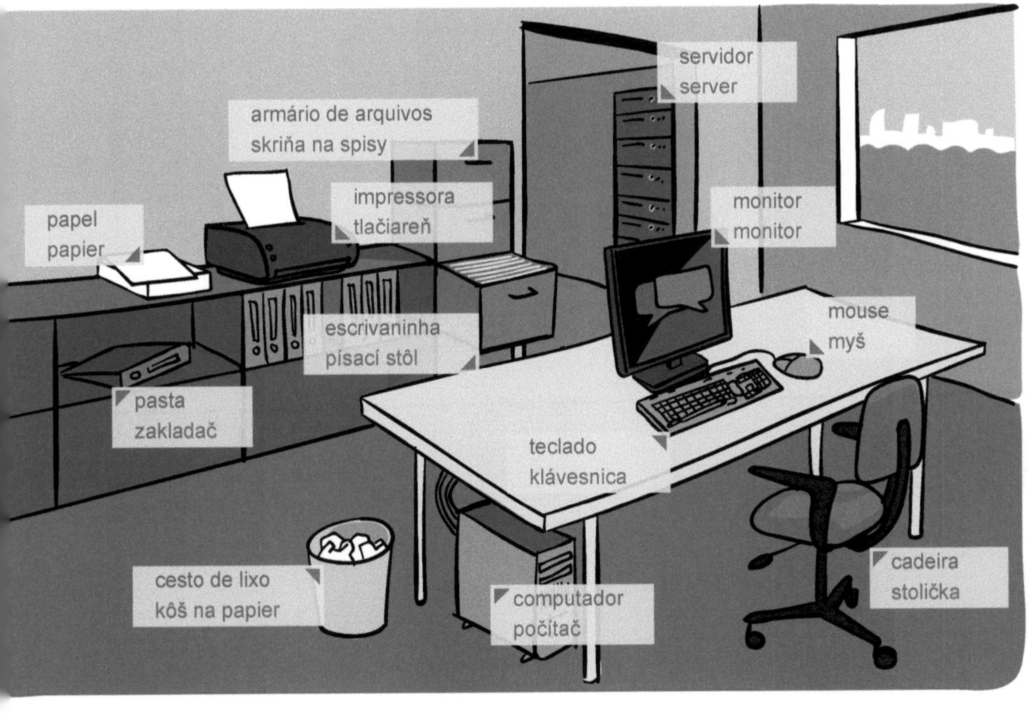

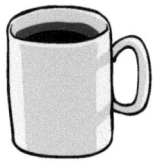

xícara de café

hrnček na kávu

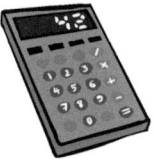

calculadora

kalkulačka

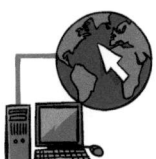

internet

internet

laptop
laptop

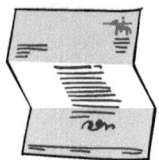

carta
list

mensagem
správa

celular
mobil

rede
sieť

copiadora
kopírka

software
softvér

telefone
telefón

tomada
elektrická zásuvka

fax
fax

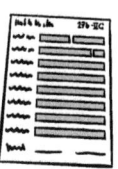

formulário
formulár

documento
doklad

comprar

kúpiť

pagar

platiť

negociar

obchodovať

dinheiro

peniaze

**USD**

Dólar

dolár

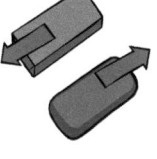**EUR**

Euro

euro

**JPY**

Yen

jen

**RUB**

rublo

rubeľ

**CHF**

franco suíço

švajčiarsky frank

**CNY**

renminbi yuan

čínsky jüan

**INR**

rupia

rupia

caixa eletrônico

bankomat

casa de câmbio

zmenáreň

ouro

zlato

prata

striebro

petróleo

ropa

energia

energia

preço

cena

contrato

zmluva

imposto

daň

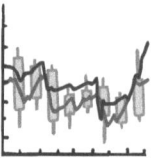

ação

akcia

trabalhar

pracovať

empregado

zamestnanec

empregador

zamestnávateľ

fábrica

továreň

loja

obchod

profissões
povolania

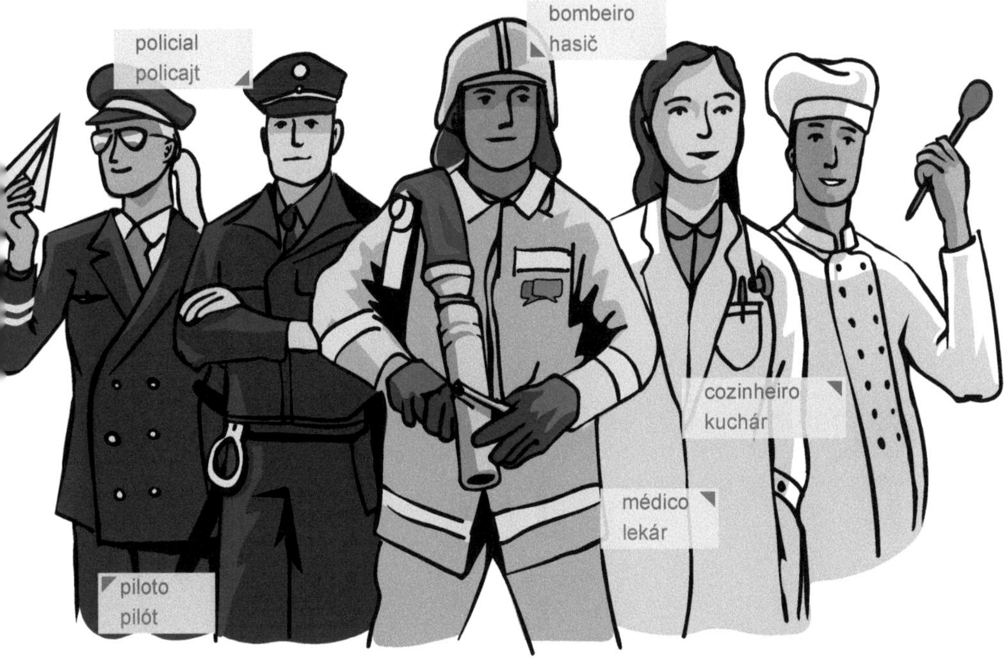
policial
policajt
bombeiro
hasič
cozinheiro
kuchár
médico
lekár
piloto
pilót

jardineiro

záhradník

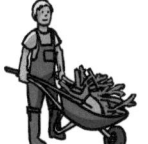

marceneiro

stolár

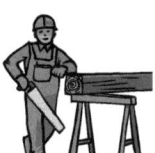

costureira

krajčírka

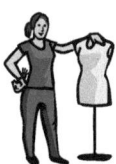

juiz

sudca

químico

chemik

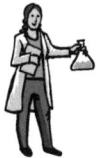

ator

herec

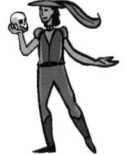

motorista de ônibus

vodič autobusu

motorista de táxi

taxikár

pescador

rybár

faxineira

upratovačka

telhador

pokrývač

garçom

čašník

caçador

poľovník

pintor

maliar

padeiro

pekár

eletricista

elektrikár

construtor

stavebný robotník

engenheiro

inžinier

açougueiro

mäsiar

encanador

klampiar

carteiro

poštár

soldado
vojak

arquiteto
architekt

caixa
pokladník

florista
kvetinár

cabelereiro
kaderník

condutor
sprievodca

mecânico
mechanik

capitão
kapitán

dentista
zubár

cientista
vedec

rabino
rabín

imam
imám

monge
mních

pastor
farár

ferramentas
náradie

alicate
kliešte
martelo
kladivo
chave de fenda
skrutkovač
lanterna
baterka
chave inglesa
kľúč na skrutky

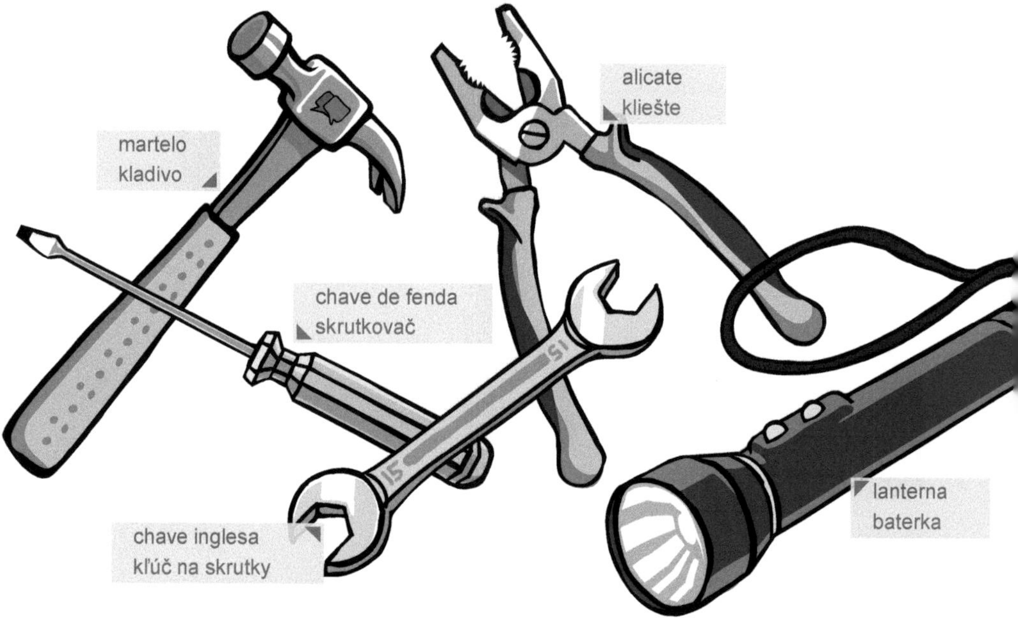

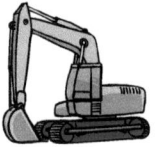

escavadora

bager

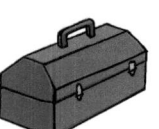

caixa de ferramentas

súprava náradia

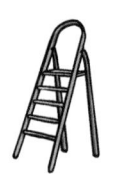

escada de mão

rebrík

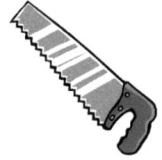

serra

pílka

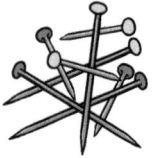

pregos

klince

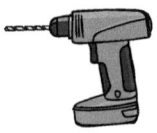

furadeira

vrták

consertar
opraviť

pá
lopata

Droga!
Do čerta!

pá de lixo
lopatka na smeti

pote de tinta
nádoba s farbou

parafusos
skrutky

instrumentos musicais
hudobné nástroje

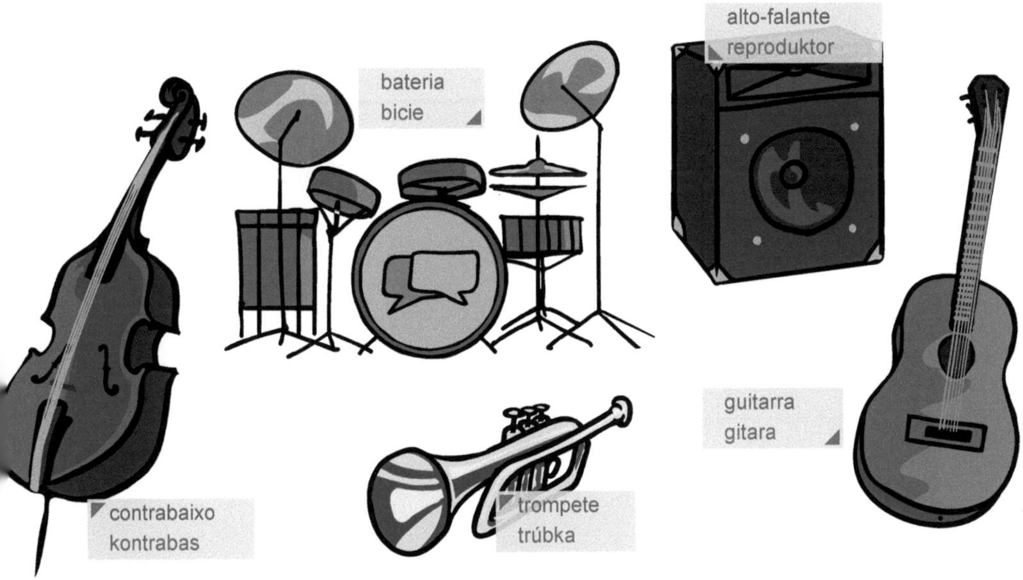

bateria
bicie

alto-falante
reproduktor

guitarra
gitara

contrabaixo
kontrabas

trompete
trúbka

piano

klavír

violino

husle

baixo

basa

timbales

tympany

tambor

bubon

teclado

klávesnica

saxofone

saxofón

flauta

flauta

microfone

mikrofón

zoológico
ZOO

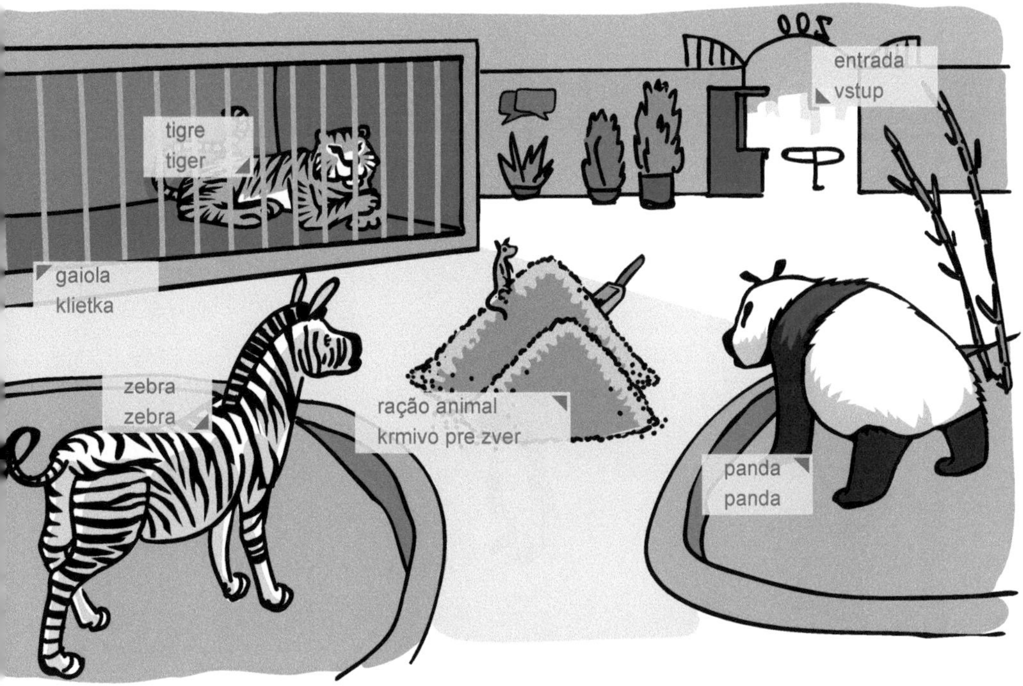

tigre
tiger
entrada
vstup
gaiola
klietka
zebra
zebra
ração animal
krmivo pre zver
panda
panda

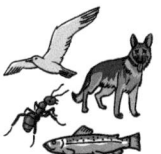

animais
zvieratá

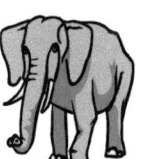

elefante
slon

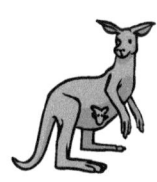

canguru
klokan

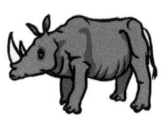

rinoceronte
nosorožec

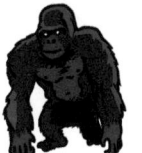

gorila
gorila

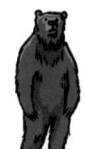

urso
medveď

camelo

ťava

avestruz

pštros

leão

lev

macaco

opica

flamingo

plameniak

papagaio

papagáj

urso polar

ľadový medveď

pinguim

tučniak

tubarão

žralok

pavão

páv

cobra

had

crocodilo

krokodíl

guarda do zoológico

ošetrovateľ v ZOO

foca

tuleň

jaguar

jaguár

pônei
poník

leopardo
leopard

hipopótamo
hroch

girafa
žirafa

águia
orol

javali
diviak

peixe
ryba

tartaruga
korytnačka

morsa
mrož

raposa
líška

gazela
gazela

futebol americano
americký futbal

ciclismo
cyklistika

tênis
tenis

basquete
basketbal

natação
plávanie

boxe
box

hóquei no gelo
hokej

futebol
futbal

badminton
bedminton

atletismo
ľahká atletika

handebol
hádzaná

esqui
lyžovanie

polo
pólo

pular
skočiť

rir
smiať sa

abraçar
objať

andar
chodiť

cantar
spievať

rezar
modliť sa

beijar
pobozkať

sonhar
snívať

escrever
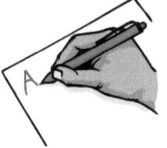
písať

desenhar

kresliť

mostrar

ukázať

empurrar

tlačiť

dar

dať

tomar

brať

ter
....
mať

fazer
....
robiť

ser
....
byť

ficar de pé
....
stáť

correr
....
bežať

puxar
....
ťahať

jogar
....
hádzať

cair
....
padnúť

deitar
....
ležať

esperar
....
čakať

carregar
....
nosiť

sentar
....
sedieť

vestir
....
obliecť sa

dormir
....
spať

despertar
....
zobudiť sa

atividades - aktivity

olhar para
pozerať

chorar
plakať

acariciar
hladkať

pentear
česať

falar
hovoriť

entender
rozumieť

perguntar
pýtať sa

ouvir
počuť

beber
piť

comer
jesť

arrumar
upratať

amar
milovať

cozinhar
variť

dirigir
jazdiť

voar
letieť

velejar

plachtiť

calcular

počítať

ler

čítať

aprender

učiť sa

trabalhar

pracovať

casar

oženiť

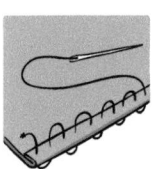

costurar

šiť

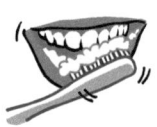

escovar os dentes

čistiť zuby

matar

zabiť

fumar

fajčiť

enviar

poslať

família
rodina

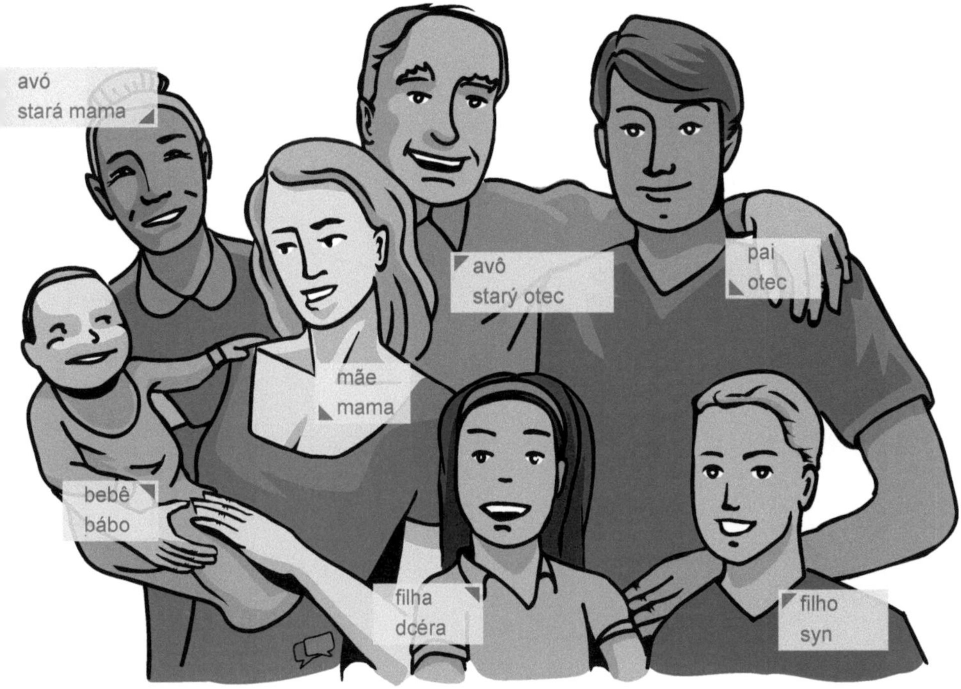
avó
stará mama
avô
starý otec
pai
otec
mãe
mama
bebê
bábo
filha
dcéra
filho
syn

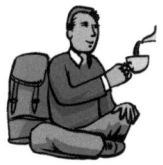

convidado

hosť

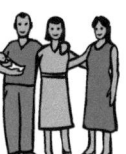

tia

teta

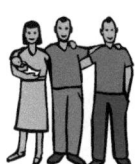

tio

strýko

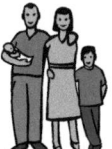

irmão

brat

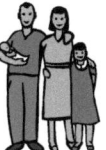

irmã

sestra

corpo

telo

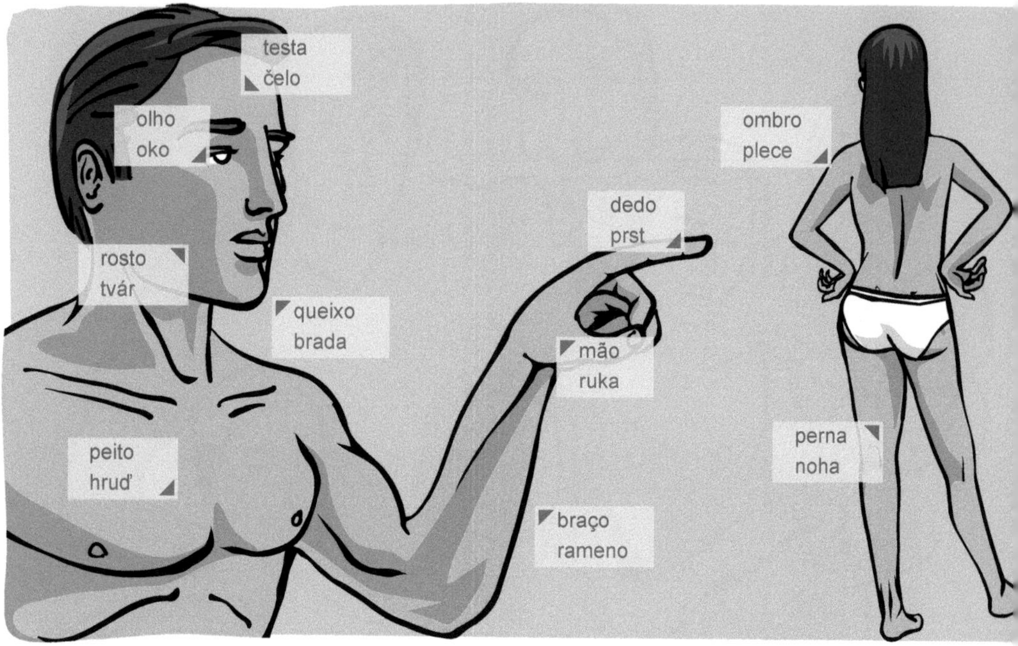

testa
čelo
olho
oko
ombro
plece
dedo
prst
rosto
tvár
queixo
brada
mão
ruka
peito
hruď
perna
noha
braço
rameno

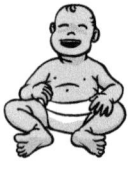

bebê

bábo

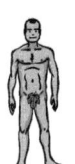

homem

muž

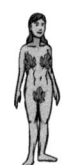

mulher

žena

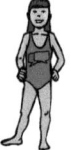

menina

dievča

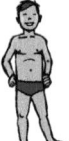

menino

chlapec

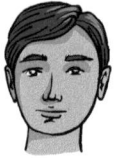

cabeça

hlava

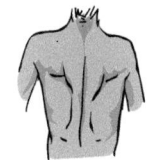

costas

chrbát

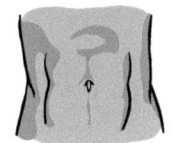

barriga

brucho

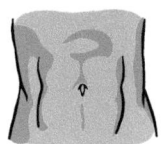

umbigo

pupok

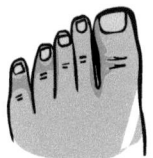

dedo do pé

prst na nohe

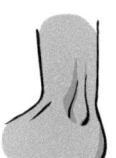

calcanhar

päta

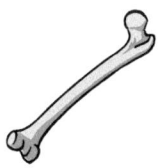

osso

kosť

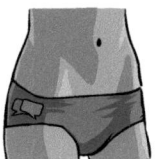

anca

bok

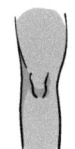

joelho

koleno

cotovelo

lakeť

nariz

nos

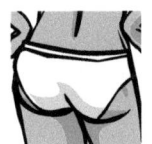

nádegas

zadok

pele

koža

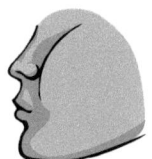

bochecha

líce

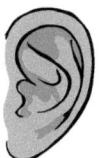

orelha

ucho

lábio

pery

boca

ústa

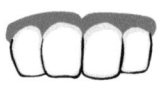

dente

zub

língua

jazyk

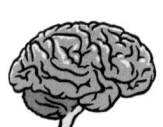

cérebro

mozog

coração

srdce

músculo

svaly

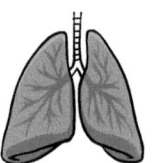

pulmão

pľúca

fígado

pečeň

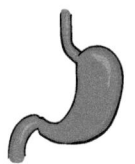

estômago

žalúdok

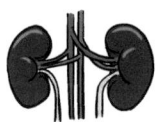

rins

obličky

relações sexuais

pohlavný styk

preservativo

kondóm

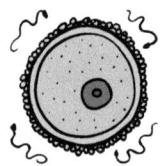

óvulo

vaječná bunka

esperma

semeno

gravidez

tehotenstvo

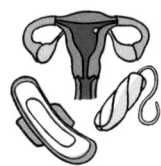

menstruação

menštruácia

vagina

vagína

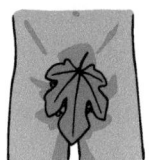

pênis

penis

sobrancelha

obočie

cabelo

vlasy

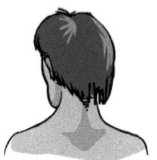

pescoço

krk

hospital

nemocnica

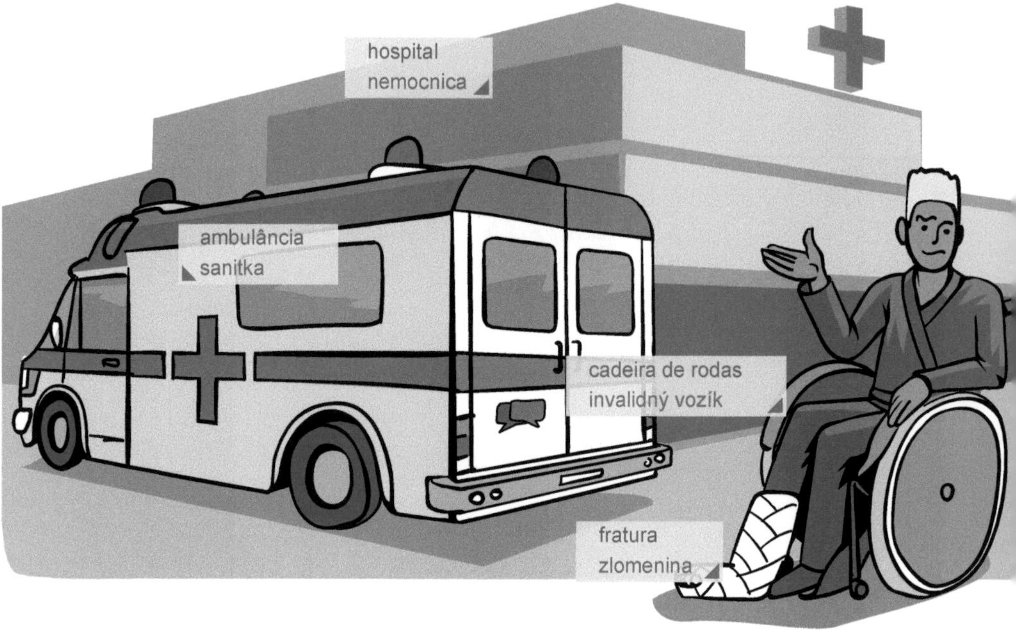

hospital
nemocnica
ambulância
sanitka
cadeira de rodas
invalidný vozík
fratura
zlomenina

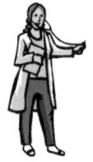

médico

lekár

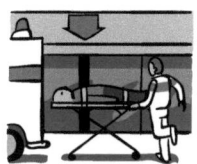

pronto-socorro

urgentný príjem

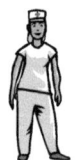

enfermeira

sestrička

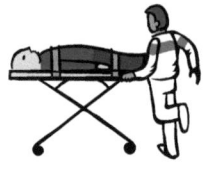

emergência

urgentný prípad

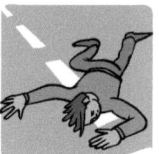

inconsciente

v bezvedomí

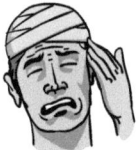

dor

bolesť

ferimento

zranenie

hemorragia

krvácanie

ataque cardíaco

srdcový infarkt

acidente vacular cerebral

mozgová porážka

alergia

alergia

tosse

kašeľ

febre

teplota

gripe

chrípka

diarreia

hnačka

dor de cabeça

bolesť hlavy

câncer

rakovina

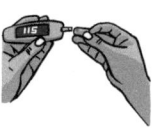

diabetes

cukrovka

cirurgião

chirurg

bisturi

skalpel

operação

operácia

CT
CT

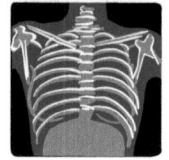

raio x
RTG

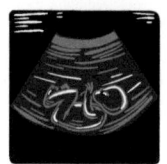

ultrassom
ultrazvuk

máscara
maska

doença
choroba

sala de espera
čakáreň

muleta
barla

bandeide
náplasť

ligadura
obväz

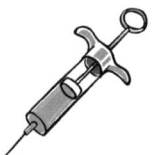

injeção
injekcia

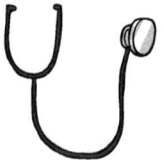

estetoscópio
fonendoskop

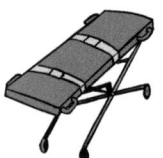

maca
nosidlá

termômetro
teplomer

nascimento
pôrod

excesso de peso
nadváha

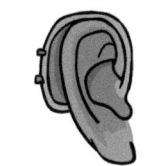

aparelho auditivo

audiofón

desinfetante

dezinfekčný prostriedok

infecção

infekcia

vírus

vírus

HIV / AIDS

HIV / AIDS

medicamento

medicína

vacinação

očkovanie

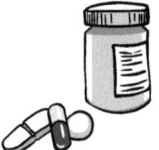

comprimidos

tabletky

pílula

antikoncepčná pilulka

chamada de emergência

tiesňové volanie

dispositivo de medição de pressão arterial

tlakomer

doente / saudável

chorý / zdravý

Socorro!

Pomoc!

alarme

alarm

assalto

prepad

ataque

útok

perigo

nebezpečenstvo

saída de emergência

núdzový východ

Fogo!

Horí!

extintor de incêndios

hasičský prístroj

acidente

nehoda

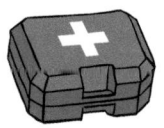

maleta de primeiros socorros

kufrík prvej pomoci

SOS

SOS

polícia

polícia

Europa

Európa

América do Norte

Severná Amerika

América do Sul

Južná Amerika

África

Afrika

Ásia

Ázia

Austrália

Austrália

Atlântico

Atlantický oceán

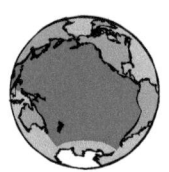

Pacífico

Tichý oceán

Oceano Índico

Indický oceán

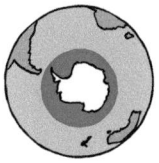

Oceano Antártico

Južný oceán

Oceano Ártico

Severný ľadový oceán

Polo Norte

Severný pól

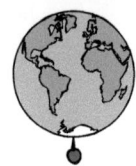

Polo Sul

Južný pól

Antártica

Antarktída

Terra

Zem

terra

krajina

mar

more

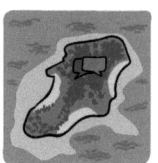

ilha

ostrov

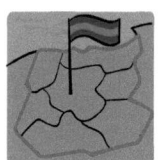

nação

národ

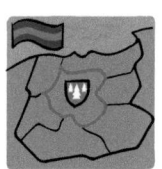

estado

štát

mostrador do relógio

ciferník

ponteiro das horas

hodinová ručička

ponteiro dos minutos

minútová ručička

ponteiro dos segundos

sekundová ručička

Que horas são?

Koľko je hodín?

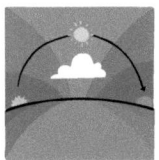

dia

deň

tempo

čas

agora

teraz

relógio digital

digitálne hodiny

minuto

minúta

hora

hodina

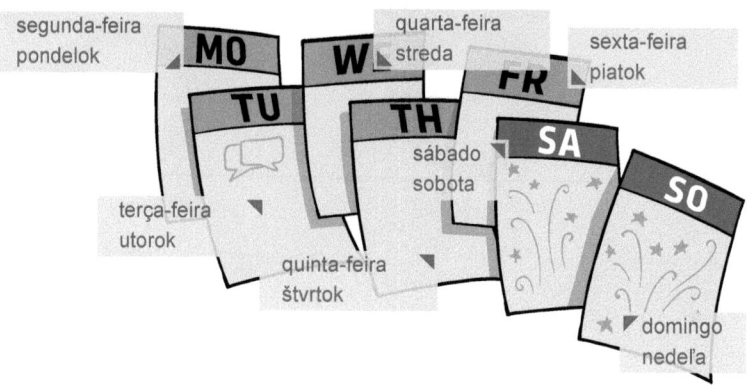

segunda-feira
pondelok

quarta-feira
streda

sexta-feira
piatok

terça-feira
utorok

sábado
sobota

quinta-feira
štvrtok

domingo
nedeľa

ontem

včera

hoje

dnes

amanhã

zajtra

manhã

ráno

meio-dia

poludnie

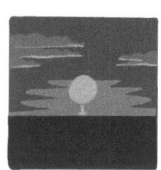

entardecer

večer

MO	TU	WE	TH	FR	SA	SU
1	2	3	4	5	6	7
8	9	10	11	12	13	14
15	16	17	18	19	20	21
22	23	24	25	26	27	28
29	30	31	1	2	3	4

dias úteis

pracovné dni

MO	TU	WE	TH	FR	SA	SU
1	2	3	4	5	6	7
8	9	10	11	12	13	14
15	16	17	18	19	20	21
22	23	24	25	26	27	28
29	30	31	1	2	3	4

fim de semana

víkend

ano
rok

chuva
dážď
arco-íris
dúha
vento
vietor
neve
sneh
primavera
jar
verão
leto
outono
jeseň
inverno
zima

4.APRIL 11°
5.APRIL 4°
6.APRIL 13°
7.APRIL 8°
8.APRIL 10°

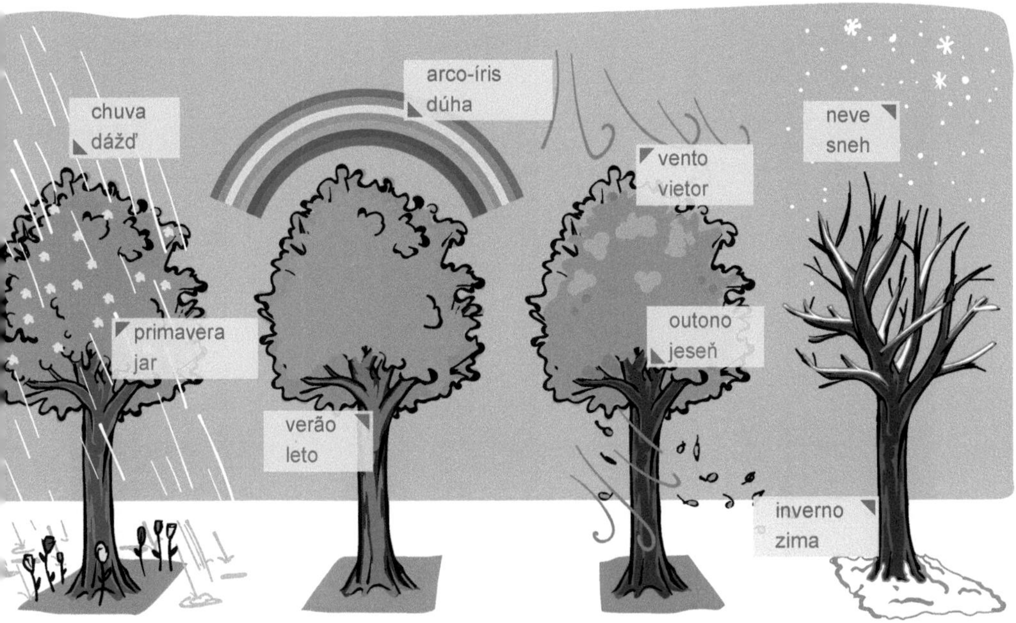

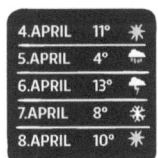

previsão do tempo
....
predpoveď počasia

F C
120 40
90 30
60 20
30 10
0 0
-30 -10
-20

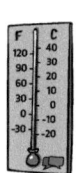

termômetro
....
teplomer

raio de sol
....
slnečný svit

nuvem
....
oblak

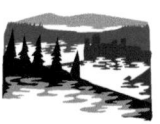

neblina / nevoeiro
....
hmla

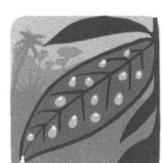

umidade do ar
....
vlhkosť vzduchu

relâmpago

blesk

trovão

hrom

tempestade

búrka

granizo

krúpy

monção

monzún

inundação

záplava

gelo

ľad

janeiro

január

fevereiro

február

março

marec

abril

apríl

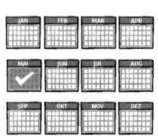

maio

máj

junho

jún

julho

júl

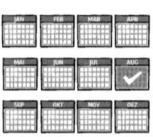

agosto

august

ano - rok

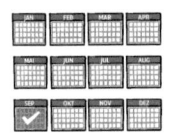

setembro
....
september

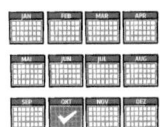

outubro
....
október

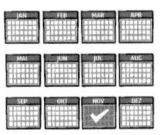

novembro
....
november

dezembro
....
december

formas
tvary

círculo
....
kruh

quadrado
....
štvorec

retângulo
....
obdĺžnik

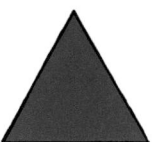

triângulo
....
trojuholník

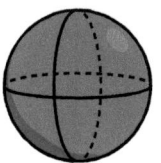

esfera
....
guľa

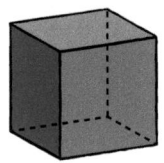

cubo
....
kocka

cores
farby

branco

biela

amarelo

žltá

laranja

oranžová

rosa

ružová

vermelho

červená

lilás

fialová

azul

modrá

verde

zelená

marrom

hnedá

cinza

šedá

preto

čierna

muito / pouco
veľa / málo

furioso / tranquilo
zúrivý / pokojný

lindo / feio
pekný / škaredý

começo / fim
začiatok / koniec

grande / pequeno
veľký / malý

claro / escuro
svetlý / tmavý

irmão / irmã
brat / sestra

limpo / sujo
čistý / špinavý

completo / incompleto
úplný / neúplný

dia / noite
deň / noc

morto / vivo
mŕtvy / živý

largo / estreito
široký / úzky

comestível / não comestível

chutný / nechutný

mau / gentil

zlostný / láskavý

entusiasmado / entediado

vzrušený / unudený

gordo / magro

tlstý / chudý

primeiro / último

prvý / posledný

amigo / inimigo

priateľ / nepriateľ

cheio / vazio

plný / prázdny

duro / macio

tvrdý / mäkký

pesado / leve

ťažký / ľahký

fome / sede

hlad / smäd

doente / saudável

chorý / zdravý

ilegal / legal

nelegálny / legálny

inteligente / idiota

inteligentný / hlúpy

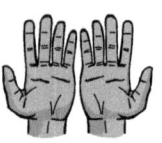

esquerda / direita

vľavo / vpravo

perto / longe

blízko / ďaleko

novo / usado

nový / použitý

nada / alguma coisa

nič / niečo

velho / jovem

starý / mladý

ligado / desligado

zapnuté / vypnuté

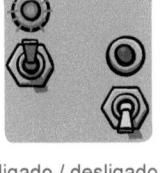

aberto / fechado

otvorené / zatvorené

baixo / alto

tichý / hlasný

rico / pobre

bohatý / chudobný

certo / errado

správne / nesprávne

áspero / liso

drsný / hladký

triste / feliz

smutný / šťastný

curto / longo

krátky / dlhý

lento / rápido

pomaly / rýchlo

molhado / seco

mokrý / suchý

ameno / fresco

teplý / studený

guerra / paz

vojna / mier

0

zero

nula

1

um

jeden

2

dois

dva

3

três

tri

4

quatro

štyri

5

cinco

päť

6

seis

šesť

7

sete

sedem

8

oito

osem

9

nove

deväť

10

dez

desať

11

onze

jedenásť

12

doze

dvanásť

13

treze

trinásť

14

quatorze

štrnásť

15

quinze

pätnásť

16

dezesseis

šestnásť

17

dezessete

sedemnásť

18

dezoito

osemnásť

19

dezenove

devätnásť

20

vinte

dvadsať

100

cem

sto

1.000

mil

tisíc

1.000.000

milhão

milión

inglês
....
angličtina

inglês americano
....
americká angličtina

chinês mandarim
....
mandarínska čínština

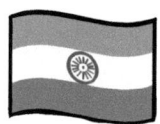

hindi
....
hindčina

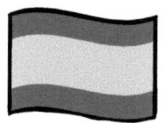

espanhol
....
španielčina

francês
....
francúzština

árabe
....
arabčina

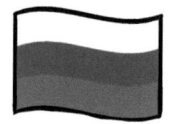

russo
....
ruština

português
....
portugalčina

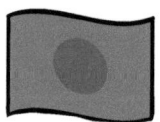

bengalês
....
bengálčina

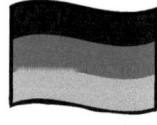

alemão
....
nemčina

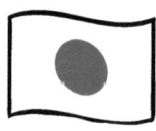

japonês
....
japončina

eu

ja

você

ty

ele / ela

on/ona/ono

nós

my

vocês

vy

eles / elas

oni

quem?

kto?

O quê?

čo?

como?

ako?

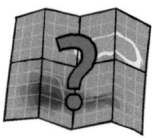

onde?

kde?

Quando?

kedy?

nome

meno

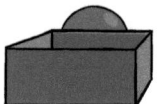

atrás
za

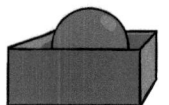

em
v

na frente de
pred

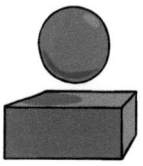

sobre
nad

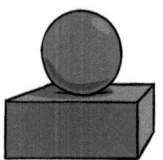

em cima
na

debaixo
pod

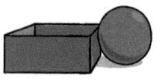

do lado
vedľa

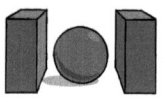

entre
medzi

lugar
miesto